分享励志故事 点燃人生梦想

如何吸引顶尖人才

——最怕竞争对手看到的一本书

林海涛◎著

通往成功的道路或许崎岖
但只要你每天付出行动，每天进步一点点，
你就可以到达理想的彼岸！
假如你一直能够专注、努力、心怀感恩地去做事，
那么机遇就在你的前方！

中国商业出版社

图书在版编目（CIP）数据

如何吸引顶尖人才：最怕竞争对手看到的一本书 / 林海涛著 . -- 北京：中国商业出版社，2019.8
　　ISBN 978-7-5208-0845-3

　　Ⅰ . ①如… Ⅱ . ①林… Ⅲ . ①企业管理－人才选拔 Ⅳ . ① F272.92

中国版本图书馆 CIP 数据核字（2019）第 158069 号

责任编辑：刘洪涛

中国商业出版社出版发行
010-63180647 www.c-cbook.com
（100053 北京广安门内报国寺 1 号）
新华书店经销
三河市天润建兴印务有限公司印刷
＊
880 毫米 ×1230 毫米　32 开　4.75 印张　80 千字
2019 年 8 月第 1 版　2019 年 8 月第 1 次印刷
定价：68.00 元
＊＊＊＊
（如有印装质量问题可更换）

林海涛与世界著名房地产销售大师汤姆·霍普金斯

林海涛与美国白宫原谈判顾问罗杰·道森

林海涛与《不抱怨的世界》作者威尔·鲍温

林海涛与世界第一汽车销售大师乔·吉拉德

林海涛与著名心理专家杰夫·艾伦

林海涛与著名心灵导师丹尼斯·威特利

林海涛与《心灵鸡汤》作者马克·汉森夫妇

林海涛与演讲家彭清一

林海涛与美国演说家协会会长吉姆·卡斯卡特

林海涛与电影《华尔街之狼》主角原型乔丹·贝尔福特

林海涛与世界著名珠宝商有川一三

林海涛与著名经济学家郎咸平

林海涛与日本最大的连锁超市唐吉珂德社长

林海涛与著名蛋糕大师秋源俊夫

林海涛接受中央电视台采访

林海涛在日本接受媒体采访

林海涛与梁凯恩一同在日本东京演讲

林海涛与亚洲超级演说家梁凯恩

林海涛与潜能激发大师许伯恺

林海涛与亚洲行销之神陈霆远

林海涛受邀回辍学的母校演讲

推荐序

>>

认识林海涛老师是在八年前，当时，林老师介绍自己企业的品牌故事，是源自他十一岁生日那一天，父亲用身上所有的钱，给他买了一个生日蛋糕。那是他人生中第一个生日蛋糕，他既高兴又感动，即使长大后吃过无数个生日蛋糕，也依然无法忘记十一岁生日那天父亲送给他的蛋糕。

所以，当后来林老师创办 2U 蛋糕品牌时，就决定，每当客户购买一个 2U 蛋糕，他就赠送一个蛋糕给当地孤儿院的孩子。他希望每一个孩子都不再因贫穷而无法吃上一块属于自己的生日蛋糕。我听完林老师的这个品牌故事之后，被深深地感动了。

我经常会号召企业家，一定要打造一本畅销书，来为企业建立品牌。在我的推荐下，林老师立刻行动，决定由作家韩瑾鸽为他撰写第一本书《改变世界从一个蛋糕开始》。这本书一经推出后，很快畅销全国，获得了读者大量的好评，在图书市场产生了很大的影响力。

过去这些年，林老师因经营企业的成就以及卓越的演说能力，经常被邀请到商会、企业家论坛中分享他经营企业的智慧，并教导企业家如何透过演说创造利润，并扩大企业的知名度和影响力。

让我惊讶的是，林老师竟然能在他经营企业和受邀到处演讲的百忙之中，完成他的第二本著作《如何吸引顶尖人才》。这个问题，原来也是林老师在面对企业家咨询时，最常被询问的问题之一。

我知道，这是林老师能将自己的企业经营得如此成功的秘诀，就是他懂得如何持续吸引顶尖人才与他合作、为他所用。特别感谢林老师无私地与所有企业家分享。

相信这本书一定会对你经营企业有巨大的帮助。我建议大家,不仅自己要阅读,更应该多买几本赠送给你的客户与合作伙伴。

就像我所撰写的《行销36计》一书中,最后一计"天下为功篇"中提到的:企业永远成功的秘诀,就是持续帮助客户成功。

亚洲著名营销专家

青光侠专项基金创办人

陈霆远

自序
阅读产生链接

亲爱的读者朋友，当你开始翻阅这本书的时候，代表你将要与我产生诸多连接。

产生连接的桥梁可能是书店，可能是某一场演讲会现场，也可能是你在某个公共场合为了消磨时间，无意中翻阅了这本书，还有可能是你某个朋友的推荐或赠送。

无论是哪一种方式，我相信你与本书都有着深厚的缘分，同时，我也相信你绝对不是一个普通人。

你一定是一个有梦想、有抱负的人，想要改变家族命运的人，想要成为对国家有所贡献的人。否则你不会翻开这本书，因为翻阅这本书的人，一定非等闲之辈。

恭喜你！

读完这本书，将让你掌握更多创造财富的方法。

目 录 >>

推荐序 /001
自　序　阅读产生链接 /001
开　篇　我的故事 /001
引　言　知道与不知道 /001

第1章　愿景让人明确方向 /001
第2章　专注产生卓越 /013
第3章　将现有团队的天才发挥到极致 /021
第4章　价值观是行动的指南针 /061

结　语　相信一切皆有可能 /095

开篇
我的故事

曾经，我是一名被学校开除过的学生；

曾经，我是一名蹬三轮车送菜的送货员；

曾经，我是一个创业破产过六次、把所有资产全部赔光、还负债 1000 万元人民币的迷茫青年。

这对于一个只有二十几岁的年轻人来讲，无疑是一种沉痛的打击。我在极度茫然、无助的情况下，一次偶然的机会，朋友邀请我去听了一场演讲，而这场演讲竟成为我人生命运的转折点。

这场演讲彻底震撼了我，使我从内心深处拥有了渴望改变的力量。

演讲嘉宾的起点比我还低，但他创造的成果比当时巅峰时期的我要好千倍、万倍，为什么他能有如此辉煌的战果呢？原因很简单：他师从了各个领域里最有影响力的佼佼者。

任何一个领域顶级的选手背后都有顶级的教练，教练的级数决定了选手的成绩。

在这次演讲中，我找到了改变我一生的思想观念：找到适合自己的人生教练。

回想我前十年的创业历程，我没有去找教练，而是单凭自己的一己之力在这个复杂多变的社会中硬闯、硬拼。拼赢了，我就继续拼更大；拼输了，我便只能硬撑。撑到最后，我和我的公司都伤痕累累，唯一鼓励自己的方法就是唱着《爱拼才会赢》，以便让自己重新东山再起！

一次又一次的破产，家人从支持到反对，团队从相信到怀疑，就连身边的好朋友也开始建议我去风水公司咨询一下，看看公司到底出了什么问题。

各师各法，有的说公司的大门犯冲，必须挂个八卦，有的说办公桌摆错方向，什么左青龙、右白虎。三年多的时间里，江湖上很多有名的风水师来到我这里，几乎都没效果。在这个过程中，我开始感悟到，其实，爱拼才会赢的观念是极其危险的。

现在是信息透明化的时代，光靠撞运气去经营公司，很难得到发展。一定要靠实力，也就是要会拼才能够赢。

可是我到底该用什么方法来突破此时的困境呢？

爱拼 VS 会拼

只要给我一个支点,我就能够撬起整个地球。

——米开朗基罗

答案是：寻找优秀的教练。

每个领域都有自己的"世界第一大师"，成功就是找对教练，找准方法。所以，当我知道我可以跟他们学习如何获取成功的方法时，这对于我来讲，好像是在黑暗中发现一盏明灯，让我前行的道路豁然开朗。

可是学习费用对于那时的我而言是非常昂贵的，但在我心里一直有一个声音在告诉自己：与其让自己在商场上"盲修瞎练"，不如先投资自己的大脑。所以我毅然决然地跟随各个领域非常厉害的老师们学习。

有人说，成功就在转念间！的确如此，一个小小的念头让我从此踏上了改变人生的道路，那时候我唯一的目标就是要拜各个领域的"世界第一"为师！

八年的时间里，我不停地投资自己的大脑，师从了十八位各个领域里称得上"世界第一"的老师，同时我也创造了原本我连做梦都不敢相信的奇迹！

教练的级数决定选手的表现

我从一个蛋糕只能卖几百元钱，发展到现在可以卖到几万元钱；

我从过去最害怕上台讲话，到现在成为可以巡回各大城市演讲的超级演说家；

我从原本只能领导一群普通员工的老板，发展到现在领导着蛋糕行业最顶级人才的团队，并与团队一起持续刷新蛋糕行业的纪录；

我还把自己的创业故事写成《改变世界从一个蛋糕开始》一书出版并畅销。

这一切都源自我在那场演讲会中所悟到的一个重要观念：教练的级数决定选手的表现！

接下来，我就来跟大家分享我从"世界大师"身上所学到的智慧，以及我是如何在企业中加以运用，从而让自己的人生发生天翻地覆的改变的。

你只要全身心投入地去阅读，相信这本书所能够给你带来的价值远远比你想的要多上百倍、千倍、万倍……

如何吸引顶尖人才
—— 最怕竞争对手看到的一本书

引言
知道与不知道

在人类历史发展的进程中，社会在不同时期总是会发生各种变化，工业革命导致一大批农业时代的人被淘汰，同时也造就了一大批工业巨头脱颖而出。后来互联网的出现，彻底地颠覆了各行各业。就拿通信行业来讲，当有线电话还没来得及普及的时候，移动电话就出现了；移动电话刚出来不久，触屏手机又出现了；接着是 QQ、微博的出现；如今又有了我们常用的微信，可当大家开始普及使用微信的时候，抖音来了！

时代的改变

引言 知道与不知道

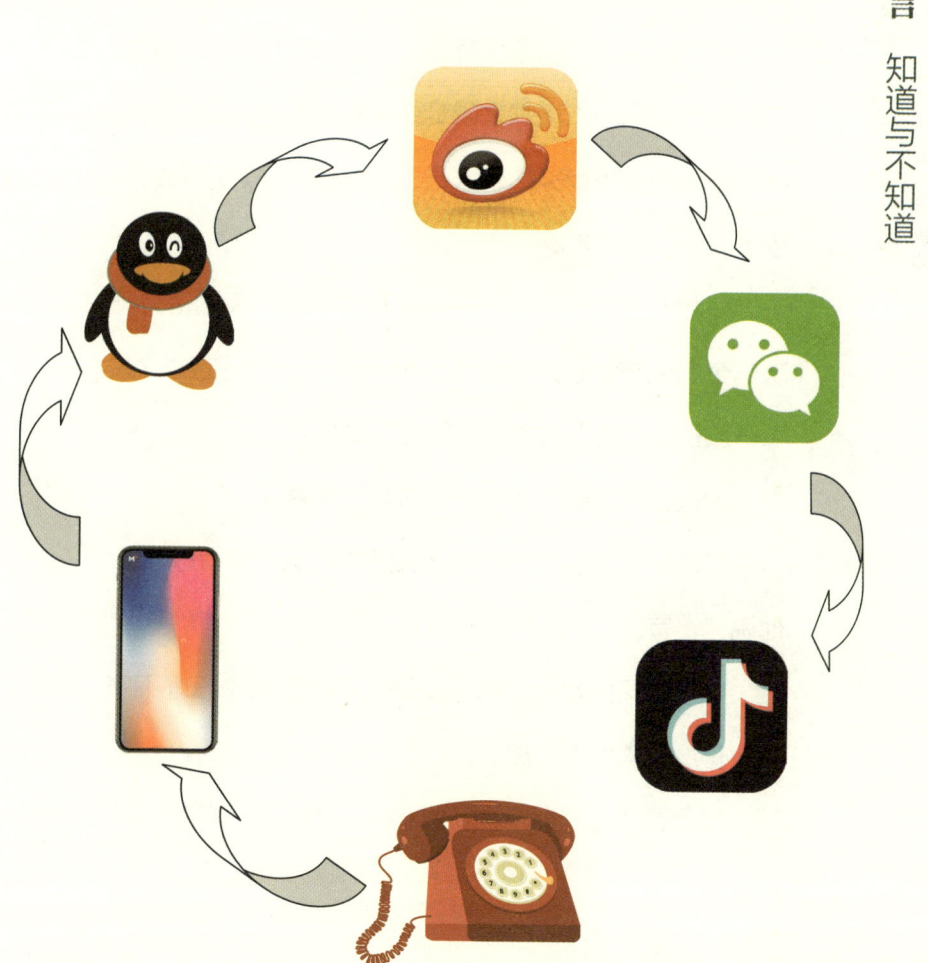

人类社会的每一次变革都会给整个商业领域带来巨大的冲击，同时也让很多的老板处在水深火热之中。更严峻的是当老板面对市场的快速变化，他们急于寻求与市场同步，一直把焦点放在解决外部的问题，顾此失彼，却忽略了企业内部的问题。

不管是传统行业还是互联网高科技产业，我常听到这些老板们抱怨市场越来越难做、各行业竞争越来越激烈、办公场地租金高昂、人员工资持续上涨、产品销售额下滑、利润越来越低……

多数老板都认为这是市场出现了问题。我记得有一次一个老板与我聊天时说到这个问题，我便问他："改革开放初期的商业市场，生意好不好做？"

他说："太好做了，随便做什么都赚钱！"

我说："那当时有没有人做不好，公司倒闭了？"

他说："有。"

接着我又问他："那你觉得现在的市场生意好不好做？有没有人做得很成功？"

他回答我："非常地不好做，但是也有人做得很成功。"

我们之间的对话代表了很多人对于市场的错误认知。其实，企业经营不好并不是市场的问题，而是企业本身的问题，而企业所有的问题，归根结底一定都是人的问题。如果今天你的企业产品销售出现问题，那一定是你销售部门的人员出现了相关问题，你只要找到一个懂销售的人来负责，问题马上就会得以解决；如果今天你的销售部门能力很强，但产品还是卖不出去，那一定是你的产品研发有问题，你只要把产品研发部的人换成具有创新性的人才，问题就会得到解决。

企业是一个系统，环环相扣，任何一个环节出现问题，都会给企业带来麻烦，事实上，无论是做企业还是达成其他任何的目标，都离不开以下四个阶段：**知道、悟到、做到、得到。**

第一阶段

知 道

这个世界上,有的人可以一天赚一百元,有的人可以一天赚一千元,也有的人可以一天赚一万元甚至十万元、百万元。

为什么差别会这么大呢?难道是一天赚十万元的人比一天赚一百元的人聪明吗?其实不是的,两者之间唯一的差别就是一天赚十万元的人知道一天赚一百元的人所不知道的方法。

经营企业也是一样,为什么有些人可以经营得很好,有些人却经营得一团糟,原因就是前者知道经营企业的方法,所以能够带领企业走向更美好的明天,而后者不知道方法,像一个无头苍蝇一样处处碰壁。

我以前在企业的用人方面就不知道方法,所以导致了创业六次破产。直到后来通过学习,我才明白,企业用人分为四种:

第一种人叫作人物。

他们想的东西比别人更长远,并且他们自身非常热爱学习,行动力也超级强。他们是创新者,也是务实的实践者,通常这种人都是属于领袖型人物。企业如果拥有这种人,就能在行业中迅速脱颖而出。

第二种人叫作人才。

这种人具有超强解决问题的能力，如果你碰到了棘手的问题，你只要告诉他，他不但能把这个问题解决好，还会举一反三地把其他问题都处理好。

第三种人叫作人手。

人手不会主动去做事情，你必须提前制订好计划交代他，并且需要时时刻刻监督他。

我记得有一次我的公司来了两位客人，当时我们在喝茶，我看到客人杯里的茶水所剩不多，吩咐一个刚进公司的员工帮忙加一下水，这个员工立马就端了一壶茶帮其中的一位客人加了水，当他起身准备走的时候，我问他："怎么没有给另外一个客人加水呢？"他却回答我："你只吩咐我给一个人加水，并没有让我给另外一个人加水啊！"

这就是典型的人手，听话照做，但你还要不断地跟进，否则问题就只能解决一半。

第四种人叫作人渣。

这种人你交代他去解决一个问题，他不但没有把这个问题解决好，还会给你带来更多的问题，制造更大的麻烦。

四种不同的人

人物 = 造梦者

人才 = 圆梦者

人手 = 帮衬者

人渣 = 麻烦制造者

在我第六次破产、第七次创业的时候，我选择了蛋糕这个行业，这对于我来讲完全是一个全新的领域。由于蛋糕的生产环节工序比较多，所以团队的配合程度也极其重要，除了生产总监，还需要中工、小工，通常需要二十个人的团队配合。

这个行业的工资比传统行业要高上好几倍，而且很多糕点师文化素质不高，人员流动性很大，在经历过好几次糕点师变动后，我越发没有安全感。于是我想出了一个自以为很好的方法：花重金聘请了一位技术比较好的师傅，然后从农村老家找来一些失业的亲戚来协助师傅。

当时出于几个想法：

一、可以帮助这些亲戚学习一技之长，因为当时这个行业的工资很高。

二、可以培养自己的技术力量，就算师傅闹情绪离开了，自己的人就可以接应得上，不会太过于被动。

三、考虑到从农村找来的老乡，费用比较低，这对于当时资金压力很大的我，可以起到降低经营成本的作用。这应该是当初做这个决定的关键。

但我没想到的是，请来的这些人因为什么都不懂，使我耗费了过多的时间去教育他们，而且还要去为他们每一次犯的错付出代价。培养这些人的成本远远要比他们的工资不知道要高上多少倍，到最后这些从老家叫来的人，还打着我亲戚的旗号在其他人面前耍特权，最终的结果就是这些人把师傅气走了。

原本是想请他们来帮忙解决问题的，没想到不但没能解决问题，甚至还制造出更多麻烦的问题来，最后我只能把他们全部辞掉。

在前十年的创业过程中，我用的人几乎都是属于后两者。要么是人手，要么是人渣，就算我有再远大的梦想，可是团队没有核心凝聚力，那么这个梦就是噩梦。

后来通过学习，我才知道经营企业永远都要找比自己优秀的人。因为他可以为你节约大量的时间和为你创造更多的财富，同时还能为你吸引到更多顶尖的人才。

第二阶段

悟到

"悟到"，就是在知道的基础上更加明确和坚定，并且把这种坚定转换成行动力。通常很多人也知道，要达到某种结果，必须要做哪些环节，但他们却迟迟没有确定下来，并采取行动，这代表他们没有悟到。比如，大家都知道健康很重要，但是很多人却迟迟没有做出对健康有益的行动；比如运动、戒烟、戒酒、均衡的饮食、充足的睡眠以及良好的情绪，等等。

什么情形下才能让一个人快速地悟到呢？经历！

只有经历过痛，受够了，他才能快速地悟到。

人们永远都是活在两种选择当中，要么追求快乐，要么逃离痛苦。

正如我刚刚提到的运动，什么样的人能够真正悟到运动对于健康的重要性？身体出问题的人，开始承受疾病的折磨的人，只有这种人才会悟到健康的重要性，也只有这种人才会去规划跟健康有关的事情，能够坚持去运动，因为唯有这样他们才能逃离被疾病折磨的痛苦。

这就是为什么在清晨运动的人当中百分之八十都是健康亮起红灯的人。身体如此，事业也是如此。

在过去十年时间里，除了耗费了生命中大量的时间以外，我的事业得不到更进一步的发展。于是我常常问自己："我为什么要花钱请一群人来气我，去做赔钱的生意？"

因此，经营企业在用人的选择上，我的感悟就特别深。因为只有经历过，才会真正悟到。

那些有了经历却还没悟到的人，一定是知道得不够多。

第三阶段

做到

这是最重要的一个阶段，因为你知道得多，又悟得很深，但是你没有照着去做，那就等于不知道。

这也是很多接受过高等教育的人却在社会上碌碌无为的原因。他们知道很多，你跟他聊天，没有什么他不知道的。他往往讲得头头是道，但他却什么成就都没有。生活中我相信你身边也会有这样的人吧？但是我庆幸自己是一个属于快速行动的人，因为痛过，刻骨铭心，所以渴望。

我记得第一次上世界大师课程的时候，老师告诉我要找比自己优秀一百倍的人物跟人才加入企业，这样企业才能在行业中脱颖而出、创造奇迹。

回来后，我就问自己："全世界做蛋糕的地方哪个最有名？"得出的答案是：日本和法国。

于是我想蛋糕行业优秀的人物和人才一定就在这两个地方。俗话说，选对池塘才能钓大鱼，只有找到有鱼的鱼塘，才能找到鱼。

然后我又问了自己第二个问题："怎么样才能让蛋糕行业优秀的人物和人才对我感兴趣，被我所吸引呢？"

答案是：我必须做出让他们感到佩服的结果。

我继续问了自己第三个问题:"你愿意为此付出代价吗?"我的答案是:"我愿意!"

于是我花了五年的时间,投入时间和经历,持续不断地让自己成长,无论是销售能力、领导力,还是公众演说能力。

一切跟我达成目标有关的能力和资源,我都付诸大量的行动,尽管这个过程我付出了很大的代价,但我仍然一直前进……

第四阶段

得到

当你知道、悟到、做到之后，就会得出两种结果：

一、得到；

二、得不到。

所以，很多人在这个时候就轻易放弃了，也有一部分人重新总结之后，继续回到最初的原点继续做。

回到我自己身上，我一次次的破产，一次次从头再来，我已经养成了一种永不放弃的信念。

多年以后在领导力老师的指导下，更让我领悟到得到任何你想要的结果，都必须经历五个循环。

第一个循环是测试。

当你要去做任何你从来没有做过的事情时，你首先要先试着做，由于你没有做过，因此你会进入的第二个循环：失败。

当你去做一个你不擅长的事情的时候，失败的概率几乎达到 99.99%，很多人都害怕失败，恐惧失败，那是因为他们不知道失败是成功的必经之路，没有失败就没有成功，成功是隐藏在失败的后面，但是绝大部分的人来到这个环节就止步了。

只有经历失败才能进入循环第三步：学习。

只有经历失败你才会去思考，去总结失败的原因，这就好比考试，一定会做错题，正是因为做错题，才会让你去反思，不懂的会再去请教老师，没有失败就没有成长的机会。

接下来循环进入第四步：改进。

当一个方法去行动出来的结果是失败的时，代表这种方法行不通，唯有透过学习之后，采用全新的方法对原来的方法进行改进。

最后进入循环第五步：重新开始。

当你采用改进的方法重新开始回到循环第一步进行测试，同样会得出两种结果：失败或是成功。

如果成功，代表你已经可以得到你想要的结果；如果失败，就继续按照循环的步骤走下去，直到成功为止。

在现实生活当中，我们看到很多的创业者，他们在做事情的过程中，并没有按照循环五步去执行，大部分的人经历失败之后就停止了行动，所以没能走向成功。

这个过程就好比打游戏，我们都知道第一关是最容易打的，但对于没有打过的人来讲，第一关也是很难的，很快就以失败告终。

但是当你多打几次，并学习新的方法进行改进，慢慢地第一关你就会熟悉了，然后就可以过关，进入游戏的第二关了。

由于第二关你又不熟悉，很快又会以失败告终，只要你按照五大循环继续下去，你就可以一关一关地闯下去。游戏如此，事业也是如此！

成功的五大循环

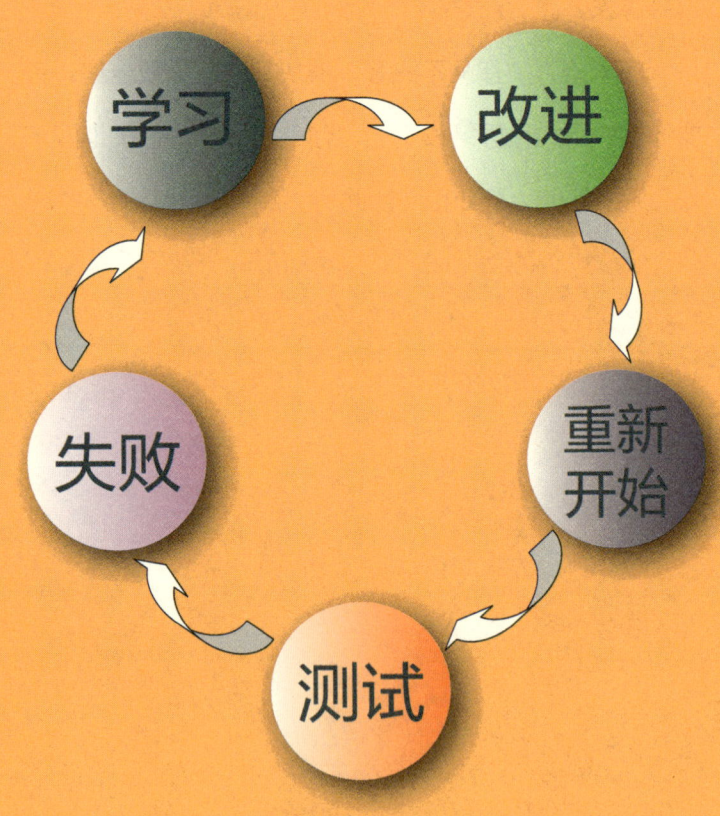

万事万物的成功都离不开这个规律

在我逐渐掌握演说技能，最终被大家誉为演说家的过程中，我就经历了这样一个过程。

因为我害怕上台，所以我学习演讲的时候，连初赛都进不了，很多同学和我说："海涛，你就不是演说家的料，你都来复训三次了，怎么连个初赛都进不了！你还是不要再浪费时间和金钱了。"

每当听到这样的话语，我都会告诉自己：学三遍不会我可以学四遍、学四遍不会我可以学五遍，学五遍不会我可以学六遍……直到我学会为止。

所以在公众演说的课程里，我总共复训了十六次，最终获得了总冠军，成为蛋糕行业首个巡回亚洲演讲的超级演说家，并且演讲场数超过一千场。

由于努力地付诸行动，很多时候，我的行动得到了人物跟人才的敬佩，他们连连发出"哇！哇！哇！"的赞叹之声。五年时间里，我成为蛋糕行业首个出版畅销书的企业家、蛋糕行业首个接受中央电视台采访的企业家、蛋糕行业首个开创线上线下 O2O 的品牌、蛋糕行业首个领导一群世界级顶尖团队的品牌、蛋糕行业首个研发智能化机器人工厂、蛋糕行业首个实现物流覆盖全国的品牌的企业家。

  而这一切的一切,都源自我找到了世界最顶级的教练,并且去实践老师所教我的方法。我常常和我的团队讲:"也许我不是最好的老板,但我绝对是一个最好的学生!"所以,亲爱的读者,你准备好了吗?如果你准备好了,那我就开始与你分享我是如何运用世界大师教给我的"如何吸引顶尖人才"的方法去一步一步获得成功的故事吧!

第 1 章
愿景让人明确方向

格局决定布局

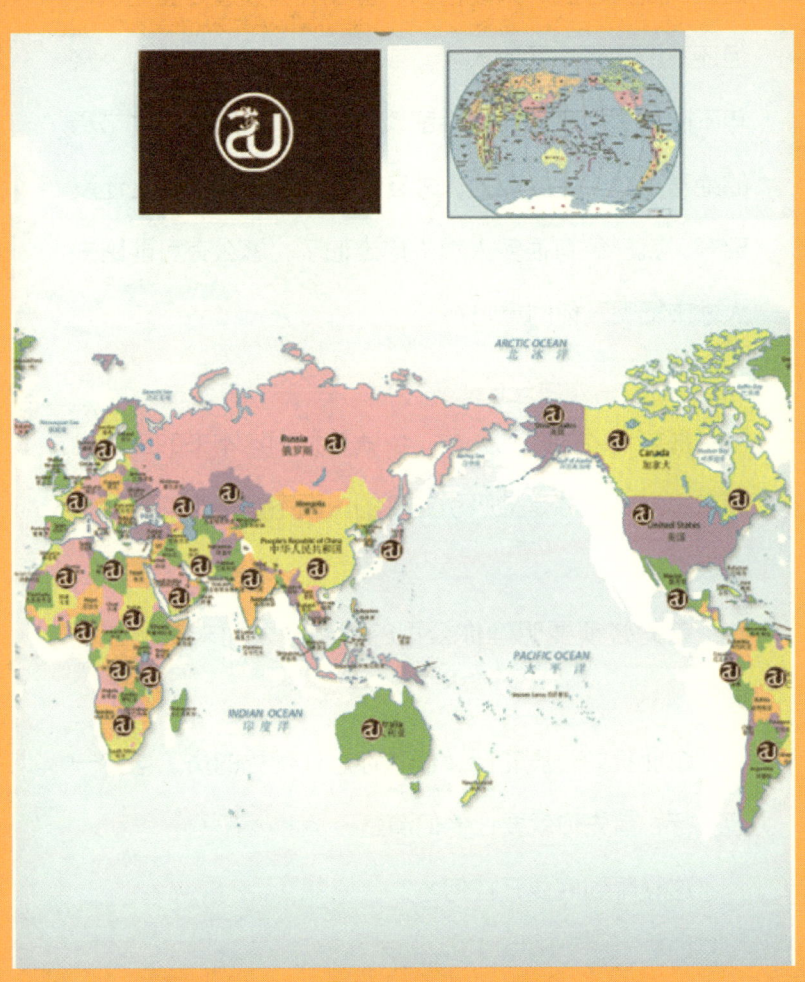

2U 愿景图

我们讲过，企业的成功取决于人才。大家都知道人才很重要，但却不知道人才该去哪里找。有的企业以为人才就应该去人才市场找，于是他们投入大量的人力、财力在人才市场招聘。但我要告诉你的是，在人才市场是招不到人才的，只能招到一些在大学读过专业知识，但还不能独当一面的人手。或是一些缺乏专业能力、整年不断地变换工作连人手都谈不上的人。跑去人才市场的绝对不是人才，因为人才在他原本的工作岗位上还没离开，就已经有很多人想去挖走他了，怎么有可能跑去人才市场呢？你同意吗？

那如何才能找到人才，也就是我们这本书的主题。顾名思义，人才是被吸引过来的，而不是招来的。那怎么吸引呢？

首先必须要明确你公司的愿景，公司未来要去哪里？

企业犹如一艘轮船，倘若你想让优秀的员工与你一起航行，首先你就要让他们清楚：

这艘船到底要开往何方？

需要多远的距离才能到达目的地？每一个人要负责什么？

不同的阶段能够得到什么样的结果？

这是不是每一个人想要的？

所以在一开始，我们就要把企业的愿景告诉对方，让人才一目了然你公司未来的蓝图是什么，因为格局决定布局，布局决定结局。

事实上，很多企业都没有明确的目标和愿景，大部分都是走一步看一步，他们会觉得还没有做到那种规模，干嘛要去做规划，那样做不切实际，有点异想天开、不务实。

但我要告诉你的是：如果你一开始没有纵观全局，你就不知道你的船到底要开向哪里，需要配备多少人员，准备多少燃油、粮食、所需的工具，以及你现在缺什么、沿途有多少个停靠点可以补充你所欠缺的东西。

第 1 章 愿景让人明确方向

一艘船如果要顺利出海,需要配备途中所用到的工具,否则就开不到理想的远方。

如果你连船最终要开去哪里都不明确清晰，就把船开出去了，请问你敢跟这艘船一起出航吗？

最终的结果不单是目的地达不到，有可能连回来的机会都没有！

在创业初期我曾犯过这样一个错误：只要看好一个项目就马上投资。这样做的结果就是我没有经过全盘的规划，然后对的人不找，找的人不对，导致项目在很短的时间就"夭折"了。

所以对于人才来讲，企业的愿景就像航海图一样，至于你现在有没有配备齐全工具准备出海，这并不重要，因为你所欠缺的部分，一定就是他们的强项，这样，他们才能实现自我价值。

当然，你的愿景还应该要有格局。如果一个优秀的人才在行业里面已经实现了省级第一，那你告诉对方公司的愿景是要去冲刺全国第一，甚至是世界第一，那么他才会干劲十足。但是如果你告诉对方公司的愿景是未来要实现某个县的第一，我相信他一定没有兴趣了解。

第 1 章 愿景让人明确方向

换句话说，如果一个人他的能力一个月随便都可以赚100万元，你跑去告诉他，我有一个很好的项目，未来可以让你月入20万元，你觉得他会选择跟你合作吗？除非你的愿景是未来可以让他赚一个亿，并且他非常清楚你的规划，这些规划的可能性是他自己能够认同的，就算你现在只让他月赚一万元，都有可能把他吸引过来。

在现代商场中，就有过这样一个典型的案例：

有一家公司叫作阿里巴巴，创始人叫马云。马云原本是一名英语老师，由于一次美国之行，让他接触到互联网，因此回到国内之后他立马成立了一家叫阿里巴巴的公司，主要从事互联网商业平台的业务。

当时中国的互联网行业如雨后春笋，遍地开花，原本没什么实力的马云被众多实力雄厚的互联网巨头打压得焦头烂额，再加上1999年的互联网泡沫风波，原本就摇摇欲坠的阿里巴巴在遭受泡沫风波之后已经到了奄奄一息的地步，整个企业现金流出现严重的问题。

在此生死存亡之际，马云找到了蔡崇信，蔡崇信当时是一家世界著名公司的高管，年薪五百多万元人民币，

第1章 愿景让人明确方向

当马云找到他之后描绘了阿里巴巴的愿景。蔡崇信在跟马云沟通完之后，做了一个让所有认识他的人都觉得太不可思议的决定：放弃年薪几百万元的工作，来到阿里巴巴每月只拿五百多块人民币的工资。

阿里巴巴也正因为有了蔡崇信的加入，在整个架构上进行了调整，并对接了风投，获得日本首富孙正义5000万美元的投资，才让阿里巴巴在互联网泡沫危机当中得以存活下来，并得到快速的发展。后来阿里巴巴在美国纳斯达克上市，蔡崇信的身价也一下子变成了七百多亿元人民币。

当有记者采访他："当年马云究竟是运用什么魔力能够说服你放弃几百万元的年薪，甘愿领取五百元一个月的工资？"

蔡崇信的回答是："马云让我看到阿里巴巴的愿景和格局！"

我在做企业愿景的时候，我的布局就是全世界。所以我跟人才沟通的时候，我就会把整个愿景的布局、不同阶段要做什么事情、能够达到什么样的结果，告诉这些顶尖人才！顶尖人才听完后，马上会热血沸腾！

接下来我就跟大家来分享我吸引两个顶尖人才的案例。

因为蛋糕行业的顶尖人才都在日本和法国，所以我必须前往日本找到我需要的人才。美国前总统林肯曾经说过："假如你给我八个小时去砍倒一颗树，那我会花七个小时磨刀，用一个小时来砍树。"所以我花了几年的时间先让自己发展成为超级演说家，然后通过演讲吸引到了日本的高桥碧小姐。

高桥碧小姐听到我对企业以及未来的规划后，愿意协助我达成梦想；然后我又吸引到了从事蛋糕行业六十多年的蛋糕大师——秋源先生和从事蛋糕行业三十年的高桥秀世先生。

过去我们用六年时间来突破我们无法突破的蛋糕快递问题，在他们加入后不到一个月的时间就解决了！

而这一切，都始于愿景。

一开始便要透视全局

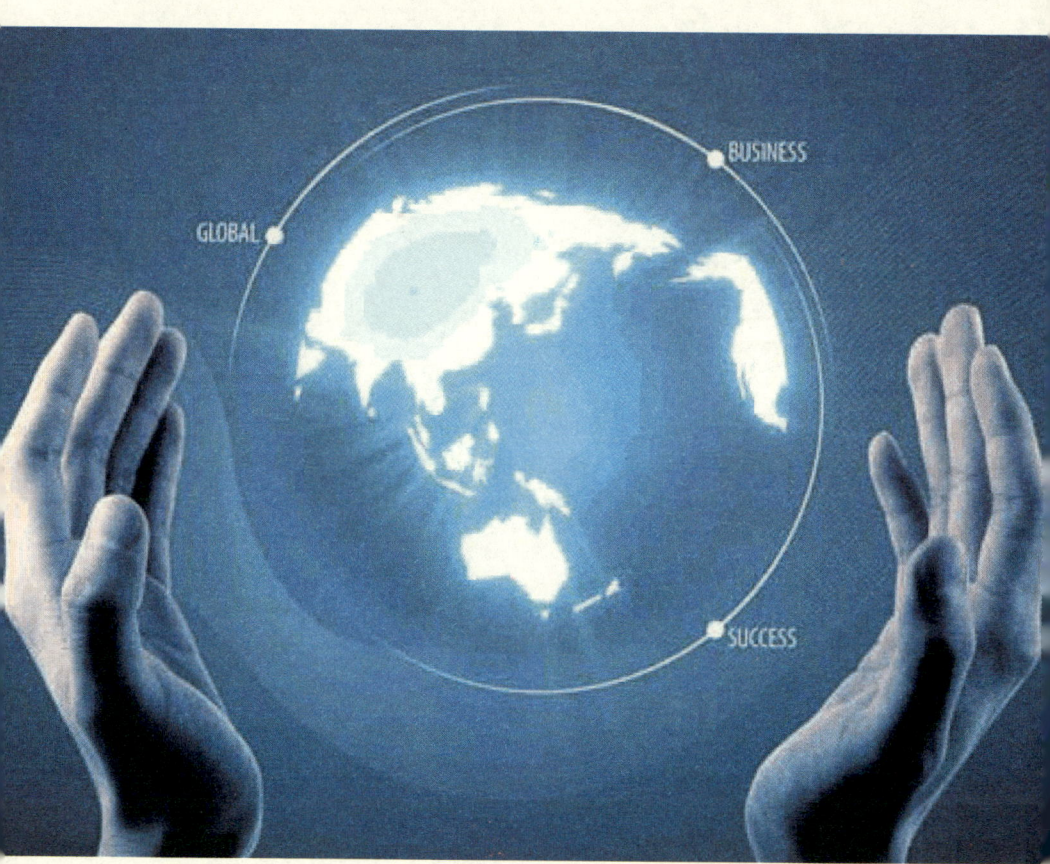

第 2 章
专注产生卓越

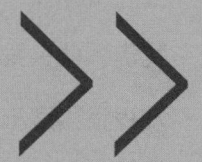

吸引顶尖人才的第二个关键是：专注。

十九岁那年，我被学校开除，于是开始创业。当时只觉得什么赚钱就做什么，所以五年多的时间里我卖过菜、卖过二手空调、倒卖过二手汽车，我还养过牛蛙……

我干过的行业不计其数，每天都特别的忙、特别的累。表面上看是赚到钱了，结果年底一到发现根本存不了多少钱。因为钱都花在对每个行业的前期了解和资源的对接方面，耗去很多的时间跟金钱，虽然对每个行业都略知一二，却无法精通。

后来有一天，一个朋友打电话跟我说：他要买空调。我告诉他，我已经转行卖汽车了；再过一年，又有个朋友找我买汽车，结果我说我又转行搞养殖了。

在这个过程中我忽然意识到，其实并不是行业不好，而是我自己不够专注。每个行业都会经历市场行情的波动，起起落落很正常，如果刚落的时候，你就放弃，等下一波行情起来的时候，"丰收的果实"就跟你无缘了。

更重要的是当你没有专注，你身边的朋友和客户会对你没有安全感。这件事情给了我很大的启发，所以从2000年开始，我就专注食品行业。2004年我又在食品行业中开始做减法,专注蛋糕领域。

当我专注于蛋糕领域的时候,我对一切跟蛋糕有关的资源、信息,都有了全面的了解,我越来越清楚行业的现状以及自己的优势,即使在市场行情发生波动的情况下,我依然不会受到影响,反而我们的业绩会更加的好!因为同行撑不住退出的时候,他们的客户还是要继续吃蛋糕,因此专注会让我获得更多的机会。

关于专注,我想到了一个人,他就是世界篮球巨星乔丹。他在篮球生涯中创下了篮球史上的一系列奇迹,获得了篮球史上的最高荣誉。在篮球领域只要提到23号乔丹,全世界的人都知道他就是篮球飞人。

乔丹之所以能创造如此大的辉煌,原因很简单,那就是因为他的专注!

第2章 专注产生卓越

聚 集

太阳光只能普照大地， 激光可以切割钻石！

1993 年 7 月 23 日，乔丹的父亲詹姆斯参加一个朋友的葬礼，在回家的途中，他把车停靠在公路边的一块空地上小睡，被当地两个歹徒杀了，并偷走了乔丹送给他的汽车。当得知父亲被杀害之后，乔丹精神上受到很大的打击，为了要完成父亲的心愿，他放弃了自己专注的领域篮球，而跑去加入棒球大联盟，没想到在棒球领域中，他节节败退，就连普通的选手都打不过。

乔丹悟到了专注的重要性，当他重新回到他所熟知的篮球领域里时，便再度创造了篮球史上的奇迹！

人才之所以会成为人才，一定是他在所在的领域持续投入超过 2 万个小时以上的时间。

如果在任何一个领域，三年能得其要领，五年就能成为专家，十年成为权威，那么二十年就能成为世界顶尖！

所以人才本身就是专注的人，你要吸引他，你必须也要是一个专注的人。不然他不会把自己累积多年的能力付出在你的身上。

第 2 章　专注产生卓越

因此,给予人才最好的安全感就是专注。

我记得第一次跟秋源先生和高桥先生见面,他们就问我从事蛋糕行业多少年了,我马上回答他们已经超过十年了。他们也告诉我,他们在蛋糕领域已经摸爬滚打了六十多年和三十多年了,因此我们三个加起来已经超过一百年了。

专注

第 2 章　专注产生卓越

巴菲特、乔布斯、比尔·盖兹三个人对于成功的关键有着一个共同点就是专注。

第3章
将现有团队的天才发挥到极致

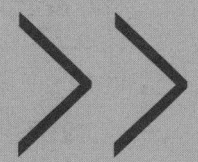

高桥碧女士是日本健康营养专家，同时也是一位痴迷于蛋糕制作的追梦人。

为了寻找最好的原材料，她曾涉足多个国家；为了能够制作好一个蛋糕，她曾不畏艰辛，向世界第一的蛋糕大师学习，只为学到最顶级的技术。

可就是这样一位人才却没有从事蛋糕行业，她喜爱蛋糕仅仅是个人爱好，但她对蛋糕的原材料、技术、设备，都非常了解，同时也拥有世界各地的顶级资源，所以我觉得比起做蛋糕，她在资源的挖掘和"资讯"的收集上，才是真正的天才，因此我没有让她做蛋糕，而是让她帮我对接蛋糕行业的世界第一，以及关于蛋糕所需要的资源。

在不到两年的时间里，她帮我对接到了蛋糕行业的佼佼者——秋源俊夫和高桥秀世，还帮我对接到了亚洲最大的烘焙设备商。

日本健康营养专家高桥碧

日本健康营养专家高桥碧女士、林海涛与高桥秀世

与亚洲知名烘焙设备商

秋源俊夫先生从事蛋糕行业已经有六十多年，如今，他已经八十多岁了，但他仍然持续不断地超越自我，对蛋糕的热爱以及执着，让我叹服。

秋源俊夫先生对整个蛋糕行业起到了非常重要的作用，他也因此在行业中获得了"世界第一"的称誉，世界各地有名的蛋糕大师大多数都是他的徒弟。他研发出来的蛋糕，无论是从视觉、嗅觉还是味觉上，都会让你欲罢不能，让人的食欲瞬间进入极度兴奋之中。

视觉上，他做的蛋糕堪称艺术品，美到你不忍心去破坏他。其嗅觉的独特，让你一闻，灵魂深处就会被牵绊住，迫不及待地想要占有它。味觉的感受更让你体会到，什么叫作彻底被征服。如果可以重来一次，哪怕让你倾其所有你都愿意。

对于这样一位德高望重的大师，我发挥他的天才就是让他负责产品的研发，于是我请他担任公司蛋糕文化研究院的院长。

世界蛋糕大师秋源俊夫

高桥秀世先生，从事蛋糕行业三十多年，传说他是唐朝时期一位御厨的后代，因得到家传的一张独特秘方而轰动了整个蛋糕界。

在高桥碧小姐的对接和秋源俊夫的影响下，他也加入了 2U 团队，并把他的家传秘方贡献给了 2U，还原了唐朝时期杨贵妃最爱的番薯蛋糕！

日本蛋糕大师高桥秀世

有关于于番薯蛋糕传说

如何吸引顶尖人才
——最怕竞争对手看到的一本书

来自唐朝不为人知的秘密！

一段被遗忘了
十个多世纪的爱情故事

第 3 章 将现有团队的天才发挥到极致

　　唐朝，是中国历史上一个值得骄傲的时代。无论是政治、军事还是经济、文化都享誉世界。而伴随着这个朝代让历史所铭记的还有一个女人，她就是杨贵妃！

如何吸引顶尖人才
——最怕竞争对手看到的一本书

大家都知道杨贵妃喜欢吃荔枝，每年荔枝收获季节一到，朝廷都会派上千骑快马，从广东沿途接力到达京城，就只为了能够吃上新鲜的荔枝。可想而知，杨贵妃对于吃是如此地挑剔，绝对称得上是美食专家。

第 3 章 将现有团队的天才发挥到极致

每次享用完荔枝之后,接踵而来的就是忧愁。荔枝很上火,吃多了脸上就会长痘痘,甚至会感到身体不适!这常常令杨贵妃苦不堪言,严重影响了杨贵妃的心情!

如何吸引顶尖人才
——最怕竞争对手看到的一本书

为了讨杨贵妃开心,唐玄宗特地启用皇家御用名厨,让他们去研究既能够满足贵妃味觉的享受,又不会让身体上火,同时能够让身体的健康达到均衡状态的食物。

第 3 章　将现有团队的天才发挥到极致

　　御厨们为了找到最适合贵妃味觉享受的食物,开启了到世界各地探寻优质食材的旅程。这个过程穿过无数的高山,跨过无数的河流,足迹遍布十几个国家。

如何吸引顶尖人才
——最怕竞争对手看到的一本书

终于在上万种食材之中,一位年轻的御厨发现,一种异国的特殊食材,结合来自不同国家及省份所产出的植物在一起,就能制作出绝世美味的蛋糕。

第 3 章 将现有团队的天才发挥到极致

在品尝这种蛋糕之后,杨贵妃的心情特别愉悦,除了味觉上给她带来无与伦比的享受,更让贵妃开心的是,吃了这种食材做的蛋糕,她的皮肤越来越好,而且身材也越来越好!于是皇上委任年轻御厨专门制作这种蛋糕供杨贵妃食用!

如何吸引顶尖人才
—— 最怕竞争对手看到的一本书

御厨入住后宫之后，每天忙于制作蛋糕，由于制作流程特别多，所以需要协助的人也越来越多，其中有些来自后宫的宫女。由于御厨年轻、潇洒，又有一技之长，所以很多宫女都对御厨怀有爱慕之心。在众多宫女当中，有一位跟御厨日久生情，暗地里确定了恋爱关系！

第 3 章　将现有团队的天才发挥到极致

御厨跟宫女的恋情后来被另一位暗恋御厨的宫女曝了出来，与宫女恋爱在当时是触犯朝廷律法的事情，要接受很严重的刑罚。于是御厨被打入地牢！

如何吸引顶尖人才
——最怕竞争对手看到的一本书

自从御厨被打入地牢之后,皇上就委派其他厨师接手他的工作,可是都无法制作出跟御厨一样的口味来,这令杨贵妃很是烦恼!因为吃不到美味的蛋糕,于是杨贵妃就向皇上求情,释放御厨,以求能重享口福!

第 3 章 将现有团队的天才发挥到极致

　　在杨贵妃的请求之下，皇上终于赦免了御厨的刑罚，让他将功赎罪，专心制作更好的蛋糕。御厨被释放出来之后，重新回到自己的岗位，制作蛋糕。无奈爱情的伟大，始终令他无法自拔，在爱情与事业中，御厨最终选择了爱情！决定跟宫女私奔！

如何吸引顶尖人才
——最怕竞争对手看到的一本书

  自从御厨与宫女私奔之后,那个只有御厨才能制作出来的独特口味的蛋糕,也随着御厨的私奔而消失在皇宫中,这令杨贵妃非常的失望,也非常的失落,对于一个对美食挑剔到极致的人,这的确是一种煎熬!

第 3 章 将现有团队的天才发挥到极致

看着杨贵妃每天失落的表情，皇上知道只要这种蛋糕出现，就能解除她的忧愁。为了消除她的忧愁，为了博取她的芳心，皇上派出了大内高手，并下令就算天涯海角也要把御厨给抓捕回来！

如何吸引顶尖人才
——最怕竞争对手看到的一本书

御厨跟宫女私奔之后,为了避免朝廷的缉拿,他们日夜兼程,逃到山东投靠了一位朋友,并在这位朋友的帮助下,坐上木船远渡重洋到达了东瀛。

第 3 章 将现有团队的天才发挥到极致

朝廷大内高手在皇上的指令下,四处缉拿御厨,终于得到线索——他们已远渡重洋,到达东瀛,于是开始驾船前往东瀛缉拿!

如何吸引顶尖人才
——最怕竞争对手看到的一本书

前往东瀛需要长时间在海上航行,由于大内高手很多来自内陆,不熟悉水性,很多人在途中出现晕船、呕吐,所以有好几次折途而返。最后一次找来了一大批精通水性的官兵,却在出海的第二天遇到了台风,海上掀起惊涛骇浪,把整艘船给掀翻,船上官兵全军覆没!

第 3 章 将现有团队的天才发挥到极致

　　御厨与宫女到达东瀛后,并没有继续制作那种特殊食材的蛋糕,因为害怕暴露身份,而是选择了一个偏僻的山区,隐居过上田园生活,日出而作,日落而息,相依相守,生儿育女,就这样相互厮守度过了一生!

如何吸引顶尖人才
——最怕竞争对手看到的一本书

御厨在临终前,把儿子唤到床边,指着床底下的一块石头,吩咐儿子,在他过世之后,把这块石头拿来当他的墓碑,并且叮嘱他哪一面朝内,哪一面朝外。

第 3 章 将现有团队的天才发挥到极致

  一千多年之后，御厨在日本的墓地被列入开发之中，其后代在移除墓碑时，才发现墓碑内侧刻有细小的文字，记载着御厨与宫女的爱情故事以及这种蛋糕的制作过程。一段被遗忘了十个多世纪的爱情故事，一张被埋葬了一千多年的美食配方，终于在一块石头里面揭开它的秘密！

049

如何吸引顶尖人才
——最怕竞争对手看到的一本书

历史总是如此的巧合,来自中国的"蛋糕皇帝"林海涛到达日本之后,邂逅了御厨的后代,并把唐朝最经典的神秘食材蛋糕按照当时的制作要求,在不同的省份采购所需的食材,终于让种蛋糕在消失了十个多世纪之后再度重见天日。

第 3 章 将现有团队的天才发挥到极致

在全面执行御厨记载下来的制作流程之后,御厨的后代才明白杨贵妃为何如此钟爱这种特殊食材的蛋糕。从食材的选料、细磨、发酵,到温度的控制,要经过几十道工序,才能制作出让人体健康达到均衡状态的神秘蛋糕,再从视觉、嗅觉、味觉全方位搭配,让人在品尝时犹如感受一场盛大的音乐会!

如何吸引顶尖人才
——最怕竞争对手看到的一本书

番薯蛋糕在面市之后,由于其独特的味道,以及能给人体健康带来诸多好处,每天都有一大批人排队购买,有些客户甚至专程坐上来返的飞机,再排上一个多小时的队,就只为能够买上一盒番薯蛋糕!

刘镇章

这是一个从小就对高科技情有独钟，也一直致力于机器人的研究，并且在该领域取得了博士学位、刷新了该领域纪录的人。

2009年，刘镇章成为华人中第一位研究出嗅觉机器人的领军人物。可是这和做蛋糕有什么关系呢？

其实，在我经营蛋糕行业的十几年里，在生产环节用过的员工至少不低于两万人，但常因为员工带着情绪来到工作岗位上，从而影响到生产。所以我就在想，如果有一天机器能够代替人，那么投入再大的资金我也愿意。

于是我就成立了一家机器人智能科技公司，请刘镇章博士全面负责，还有一个目的就是请他把世界顶尖的高科技人才会集在一起，把他们的天才彻底地发挥出来，开发一个无人化全自动的智能机器人蛋糕工厂。

刘镇章

亚力斯智能科技有限公司首席技术官

主要研究成果

华人中第一个研究出嗅觉机器人

New robot smells like a winner

Article from: **The Advertiser**

Font size: Email article: Print article: Submit comment:

CLARE PEDDIE, SCIENCE REPORTER
April 11, 2009 12:30am

A ROBOT, that can sniff out the source of smoke or toxic gas and track down a chemical weapon before it explodes, is being developed by engineers at the University of Adelaide.

The simple, compact robot is programmed to act like a bee in search of a flower. It is not distracted by wind or natural disturbances and can negotiate its way around obstacles.

The next step is to get a group of robots working together, creator and PhD student Zhenzhang Liu said. "The final scenario is we develop several mobile robots like this and we just stow them away somewhere in the city," he said.

"Once they detect something dangerous, they automatically locate that dangerous source. If nothing is detected we can't see them, they just wait."

The robot team could take direction from a command centre. This is the first time robots have been able to detect and trace odours in a natural environment with obstacles and variable air flow.

Share this article   What is this?

Zhengzhan Liu with the robot designed to detect odours.

权威媒体报导

澳洲新快报
华人圈·创富人生　　Weekend edition 25

如何吸引顶尖人才
——最怕竞争对手看到的一本书

第一代报警嗅觉机器人的设计者
——澳洲中国留学生刘鎮章

■本報記者 匡林 圖／文

不久前，一位在澳洲阿德雷德大學（University Of Adelaide, Australia）攻讀研究工作的華裔工程師劉鎮章和他所設計的第一代嗅覺機器人引起全澳洲主流媒體的關注。他所設計的這台結構簡潔的機器人，其功能竟如蜜蜂探花一樣，不會挑風或自然分簽注意力—能夠在隨機擺設環境裏找"嗅"出想要成為香氣甚至一只探嗅的魚雷，配合自動穩定伺服的氣味探測能追尋特定化學式的揮發源。他的研究、發展了機器人研究在這個嶄新的領域。

學習走自己的路

在阿德雷德大學的機械工程系大樓，記者見到了這名出色的來自中國廣州的留學生。

劉鎮章一身休閒素色的打扮，一件T恤襯配一條休閒褲、腳上是運動運動的笑容、對於我的約訪，他已是如同老友。

劉鎮章原來自廣州。他2002年在廣州華南理工大學畢業，2006年7月在華僑澳洲阿德雷德大學攻讀PhD。碩學習中，他的現實在住家的附近做進行學工，其中是期六最早上9點，下午7點多。打工所讲的讓他生活愉快、不用同家裡多生活費、仍有盛餘的自豪。

劉鎮章在工作時認識會自澳洲的是職責的日籍女孩。她是讀讀工程，有一次一個小女孩把冰淇淋落在地上。她走到跟前，小女孩的父親讓孩子對他說聲謝謝。他說：我和在國內，孩子父母是告訴他教育說如果不好好讀書，就只有去打掃廁所。

當家、鄰來澳洲的劉鎮章的生活上和學校新的教學方法都感到不適應。在中國大學時中學生食堂，同時間就可以去吃飯。來到澳洲這一切都要自己做。要自己做飯、還要自己洗澡子、租房子。因為不習慣環境，他也早起的子餐饅頭做飯，每天早上一小時走在子路旁邊，每天路上都就會大家的朋友。後來自己停下被做，曾一度感到困惑。

在學校學習生感到在教學方式上也不一樣。澳洲的老師只會告訴你怎樣去選手會自做好去為活。要幫你了解大學教學方法的他感應找的方向。一切都自己去摸索。都不適當，後來他在通過了新的方式成績提高，四因為沒適應這個新的教學方法。在中國的大學學，家裏繳一切的出費就到你的，而在澳洲一切都要靠自己去努力做學的，把學費通道，身邊個一次，她要讓你在身邊，身邊的朋友是關，父母也沒見到，當你一切的過程體會你清楚了。

談到澳洲和中國學習的差別，他說當為孩子不好好讀書選擇，將必有於國內的。一飯這開始一方一直、中城也沒見到一個，經母親走過了做，再也不會途到了一個最差的階段後，劉鎮章促使過最初的階段後，劉鎮章快適的了新環境，自己能做到自己能照顧自己的生活。他說，中國後可以素養了一點父母親離一年不離手，他子學校上了軌道，便讓了這些最愛的生活，一個法国生活必須學得像是知識沒如何處理了。

在澳洲，他靠自己的努力人找到了自己的時間。

研製嗅覺機器人

對與嗅覺機器人研究是劉鎮章自己的主意。四年世界上最後人能做十來就中邊找見、他子開發子聲話覺。可能因于父親是工程。他對學生上子機上學。感覺感。這個總在要一個程度的嗅覺的複雜，自動在軌跡可以達種加以中複識的氣候的影響，可以讓嗅覺早在嗅感來。嗅覺軌跡變隨你隨—個系。

劉鎮章說，通過嗅覺機器人發相他的探測識—號搜索機、無形都的探測確。他們挑研製機器人導技者的人工智慧程式。讓機器人從訊源頂上加前過器人工智慧技術可，他可能有各種對話境（地面、水下，水下環境由我們開啟器）一這是通過講活的現在那。如發生一個絕制單一部能夠減少到國城報巡檢機人員使用能就的。劉鎮章已在開發能夠更系能至其是工業上的一些控制重。

劉鎮章說，控制燃機器人在移動機器人的隨想中心是研發的成，並且通過多位各品行同的

智慧控制演算法，讓原型機器人成功地在低滿障廠的、風向變化的環境中能全位—個危險毒味源危廠品實現了識別—個功險的、他的學長上了軌道，便讓了我這樣最便宜生活、一個生管一個生活必須學習像是知識解需要如何處理了。

在澳洲，他靠自己的努力人找到了自己的時間。

這個嗅覺機器人的用途很多，可以將若干台自主移動機器人組成機器人工作網絡。在城市巡邏或者農民區居地危險毒味的搜探。也可以用於國防、巡視市場、超商。

劉鎮章說。該第二年研究的仍在試驗已經接近見學、控制多機械人協調合作的智慧化取得了實質性的進展。也意開始研究中一成功階段了可用於小機器人及協調的作的研究工作。將會忘在真實環境中、用良機器人來驗 證人工智慧程式。

劉鎮章強調，執行、目前他已經准在學校的機械工程人員工是研究方向正研究自由手套平台。

劉鎮章在實驗室工作

第 3 章 将现有团队的天才发挥到极致

Paul Lin

你知道目前世界上挑战最大的工程是什么吗?

那就是国际空间站。在太空中建立一个空间站,Paul Lin 是唯一一个参与空间站设计的华人院士。

空间站里有一个环境生活诊断系统就是他设计的。在刘镇章博士的引荐下,让 Paul Lin 一起加入智能科技的研发,我们第一时间把他的智慧运用在了智能机器人蛋糕工厂上,在不到一年的时间,一个完整的无人化智能机器人蛋糕工厂就全部设计完毕,再一次刷新了行业纪录!

Dr. Paul Lin

如何吸引顶尖人才
——最怕竞争对手看到的一本书

美国克里夫兰州立大学
（Cleveland State University）
工程学院副院长 \ 教授
美国工程院院士
科研专长：智能系统监控、智能控制、光学测量机器视觉

主要研究成果

NASA 国际空间站微重力快速监控与诊断系统
（2003 年完成项目，系统正常运行至今）

第 3 章 将现有团队的天才发挥到极致

第 4 章
价值观是行动的指南针

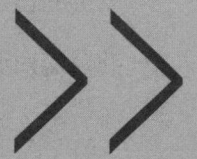

最后一个是价值观，这个环节可以说是最重要的。价值观是行动的指南针。换句话说，对于一个国家也好，一个企业也好，一个人也好，你只要了解他的价值观，你就知道他接下来的行动方向。

一个人最真实的内心跟行为就体现在价值观上。如果价值观冲突，那行为就无法一致，就会导致行为的互相拉扯，就算表面顺从，其内心还是冲突的。

举个简单的例子：哥哥与弟弟都有自己的爱好，哥哥喜欢喝茶看书，享受独处与宁静。因为对于他来讲，这就是获得快乐的方式。弟弟喜欢去酒吧喝酒，听强劲震撼的音乐，对于他来讲，这就是一种快乐。可是如果把他们对调过来，让哥哥去酒吧，让弟弟去看一整天的书，那么对于这两兄弟来说，无疑都是一种"折磨"。

两者之间没有对与错，只是彼此的兴趣不同而已！

所以在吸引顶尖人才的时候，价值观就变得非常的重要。

价值观是行动的指南针

第 4 章　价值观是行动的指南针

如果价值观发生冲突，越是人才，危机越大，有时候甚至会给企业带来毁灭性的打击，因为人才具有影响和煽动的能力。不知道你有没有看过一些企业，某个高管离职了，紧接着就带走一大批人，在这种情形下对企业来讲，是会带来毁灭性打击的。

在我经营蛋糕业的初期，我就遇到过这样的事情。在一批又一批的师傅流动后，我做了一个决定：高薪聘请技术更好的师傅。

聘请的这位师傅人特别好，是我遇到的所有师傅中最好的一个，所以我的精力就能够专注在市场的营销。

半年内，我们的销售业绩快速地增长，但业绩增长代表了工厂的员工工作量也随着加大，人一旦在高强度的工作中，就容易产生消极的想法，那么改变这种想法的唯一方法就是带动他们学习和成长。

当时我的价值观排序是：成长、创新、挑战。在我的价值观里面，成长比成功更重要，曾经为了带动销售团队学习成长，我关掉所有的门店带他们到上海接受了三天的销售训练，虽然是少赚很多钱，但是收获了整个团队能力的提升，我觉得很值。

于是我开始强调生产团队也要学习成长，每个星期开两次学习会议，这个时候生产总监就有所抵触，他的意思是，生产团队都会听他的，学习会议就不用开了，太形式化了，我们把产品做好就可以了。我告诉他："生产团队不单单需要提升技术，还需要提升心态，所以必须要学习！"

在这个环节上，他的价值观开始跟我的价值观发生冲突。记得生产团队的第一次学习会议是我亲自带动的，当我在强调每次开会要喊出我们公司的使命跟愿景时，生产总监更是排斥，但他还是照做了，我可以感受到他内心是不接受的。这对于我来讲也是很矛盾的，好不容易来了一位技术比较好的师傅，当生产量上来时，问题出现了。我们要去改变这种现状，他却抵抗，这就是价值观的冲突。那个晚上，我彻夜难眠，特地写了一

第 4 章 价值观是行动的指南针

封信给他,就是为了能够让他明白我的用心!

小卢您好:

　　我很庆幸能遇到你这么优秀的师傅,你的到来为公司出了不少力,特别是生产环节,已经逐步走向规范和稳定,这是我的福气,也是公司的福气。

　　带着公司走了这么多年,对于我来讲,经营这份事业, 更多的是一份责任,所以每个小进步或是突破之后,我都会设定新的目标和挑战,这也是我一直以来对生活、事业的态度——永远不满足于现状。我对自己的要求是学习、学习、再学习,创新、创新、再创新!对你们也是如此, 我也想你们能够不断地超越,因为我们是一个团队,所谓车同轨,唯有每一个步伐都协调,我们才能走得更快。

　　当我静下来思考时,我发现公司目前处在稳定状态, 进入这个状态之后,我们就要去挑战发展,而发展的前提就是要先调整好心态,心态也是目前我们生产团队所存在的问题。大家唯有明确目标,设定计划,相信自己,一步一步去超越,才能取得更大的进步。

每一天我们都在面临问题、解决问题、寻找问题,这是不变的定律。每一个来到公司的人,我们都有责任让他们生活得更加美好,无论是物质还是精神,能在同一时期、同一地点,一同去完成伟大的梦想,这是多么值得庆幸的一件事情啊!在这个过程中,我们会不断地去创新,为的是我们能找到更好的方法,用同样的时间,去得到更好的结果,这样我们才能走在行业的前列。

当然这离不开学习。这段时间我觉得生产环节欠缺的就是学习,能力是具备了,心态跟创新还是有所欠缺,这一切来自对事物的理解,而对事物的理解却离不开知识。因为了解会让我们更加明确,明确就会带来力量。开会、培训、沟通目前成为我们的首要任务,就像一支军队要上战场杀敌,唯有经过训练,才能掌握最有效的作战方法去战胜敌人,可是一支没有经过训练的军队，一上战场是不堪一击的。

所以对于你们的要求会越来越高，这个过程就需要大量的学习跟培训，要不然，我的观念跟做法你们就不会理解，时间长了，就会跟公司的目标和发展产生差距，这样团队就会缺乏向心力。现在在公司中，你是一个非常重要的人，每一次我都会不断地去推崇你，为的就是能够鼓舞士气，给予团队希望。你也应该给自己一个肯定，你一定行的，不要怀疑自己。我的目标里面，其中有一个是要协助你成为中国最有名气的烘焙师傅，你要相信自己，肯定自己，不断地挑战自己，而这一切来源于学习、实践、修正，再学习、再实践。

昨天的会议是生产部的第一次培训，可能是第一次，大家都有点不习惯，甚至另有所思，千万不要往消极方面去想，这是我们一个新的开始，要进入市场作战的前期训练，接着我们还会学习更多的知识，将我们的潜能彻底地释放出来，在行业当中不断地刷新纪录。在我们奔往目标的过程中，一定还会出现很多的事情，无论是工作上还是观念上，很多很多，这都很正常，这就需要我们进一步沟通。无论发生什么事情，你都要记得，我永远都是将你放在第一位的。

未来的日子，我们一定要在烘焙业当中掀起一场革命，让中国的烘焙史上留存着我们的名字，我们才不枉此生。因此，我们要热爱我们所选择的行业，并去欣赏它、肯定它、热爱它。在这个过程中，一定会面对很多困难、很多的挑战，无论道路是多么的崎岖，我们的前途总是光明的。我已经做好一切的准备，哪怕战到只剩最后一颗子弹，我都会尽最大的努力保护你，什么都人都可以少，唯独你不可以，你不仅是公司的生产总监，更是我林海涛最好的朋友！

林海涛

2009 年 8 月

第 4 章　价值观是行动的指南针

不换脑袋就换人

生产总监看完我给他写的信后，其实他也很矛盾，也在试着适应我的要求，但是我感觉到他越来越不快乐，所以我想尽一切办法想帮助他成长。

有一天，我看到清华大学一位教授写的一本书，叫作《不换脑袋就换人》，得知这位教授在广东授课的时候，我特地带生产总监去上课。上课前教授与我说："课程过后的结果有两种，一种是彻底改变，另一种就是变得更加抵触，甚至留都留不住。"

果然，在上课的这三天里，生产总监更加抵触，课程结束后，他就辞职了。我没有挽留他，因为作为一个生产总监，如果抗拒学习的话，生产环节发展一定会受限制，也无法带动下面的团队。

在他离开不到一个月的时间里，原来他带的员工也全部走光了。所以人才在价值观上如果有冲突，对于企业来讲，这是极其危险的一件事情。通过这件事情，我把自己的价值观排序重新进行了整理：成长、创新、挑战、健康、感恩、贡献！

这也为后面吸引顶尖人才起到了非常关键的作用。

一个人才当他了解我的价值观,他就知道我的行动轨迹,认同我们价值观自然就会被吸引过来。

经过了生产总监这件事情也让我认识到,价值观原来比技术、能力还要重要。也给我在接下来吸引人才方面起到一个很重要的帮助,当一个人才来到我面前,在技术、人品都通过之后,最终决定我按下是否跟他合作的最后一个按钮,就是价值观!

任何事情的发生,都有它的目的,如果善加利用,它必然有助于我们的成长。也正是经历过生产总监这件事情之后,当我们在开拓福建市场的时候,一次偶然的机会遇到了周江雁女士。她是一个比我优秀 100 倍的人,原本她在她所在的行业已做到了顶尖,后来退居幕后,经常投身到公益慈善机构做义工。在接触她之后,我首先了解的是她的价值观,我发现她是一个非常有爱心的人,遇见每一个人都是非常的热情,而且乐于分享,同时她也是一个极其爱学习的人。这代表她的价值观里面有着成长、利他、贡献的因素,这几个点跟我的价值观都是非常的相似。

正是由于价值观的同频，当我们在推动感恩文化传播的过程中，很多观念一沟通，马上就能够得到共鸣。也正是因为有她的加入，在开发陌生市场的过程中，她不但对接到很多在当地最有影响力的人来协助推动感恩文化，同时还让我结缘到世界花式足球联合会主席，以及花式足球的冠军。在短短一年多的时间，就取得同行可能要用十年才能做出的成绩。

第 4 章 价值观是行动的指南针

周江雁

"感恩世界行"创始人周江雁

托拜厄斯·道尔

欧洲花式足球冠军

丹尼尔·伍德

欧洲花式足球联合会主席

价值观可以说是我们行动的指南针，不管是在人才方面，还是在项目的决策方面，我们都离不开它。

在创办感恩世界行的时候，我就把价值观放在第一位，所有一切行为必须符合价值观。感恩世界行的价值观是：正念、利他、贡献、传承！何为正念？就是说从事的任何一件事情都必须是正能量的。何为利他？就是做每一件事情都要对别人产生帮助，只要偏离这个方向，我们就不去做它。

接下来，我就来跟大家分享我是怎么用价值观来指引感恩世界行的。

在正念方面，我们分两部分运行：

一部分是以公益为目的，主要针对企业家在经营方面的演讲，旨在帮助企业家掌握世界最前沿的经营理念及方法。还有针对性地给学生演讲，给予他们思想上的一些启发，并且赞助失学儿童和一些敬老院。

另一部分是以营利为目的，我们有商业联盟的平台，里面每个项目的产品，我们都要求是利他的。比如，教育产品,帮助企业成长的课程叫"生命之旅",主要是帮助大家如何规划人生。

有的人事业很成功,但家庭支离破碎;有的人事业成功、家庭幸福,但小孩的教育出了问题;而有些人事业、家庭、孩子都很好,自己的身体却出了问题。所以这个课程就是帮助企业家们打造一个全方位的精彩人生。

生命需要多面性

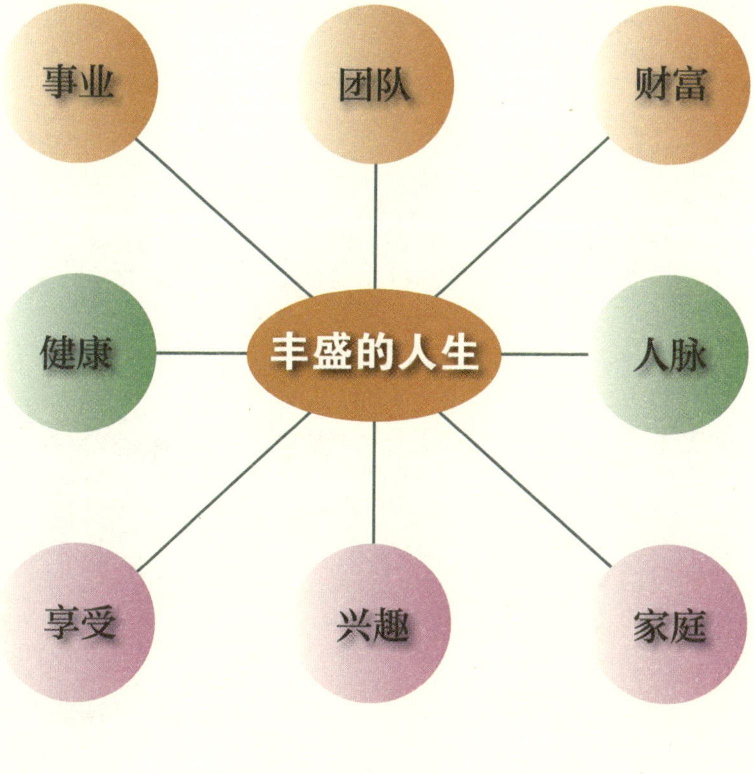

第 4 章 价值观是行动的指南针

- 事业
- 团队
- 财富
- 健康
- **丰盛的人生**
- 人脉
- 享受
- 兴趣
- 家庭

在利他方面，由于当今社会高速发展，人们各自都忙于追求事业，而忽略了去表达成长过程中不同阶段帮助自己的人。而 2U 就是人际关系的催化剂，通过蛋糕去连接你所要感恩的人，从而帮助你的人际关系得到进一步提升。每一个项目都是站在利他的角度去实行。

感恩需及时

树欲静而风不止！
子欲养而亲不待！

在感恩世界行商业联盟里面还有各行各业的产品：西服量身订制、餐饮业、美容美发、字画收藏……几乎你所知道的行业，在商业联盟里面都有，只要是感恩世界行的成员，他就有机会可以享受加入商业联盟。

但前提是必须通过审核，让这些企业的产品在自己的领域都是佼佼者，达不到要求的，通过我们提供的针对性学习，让他们不断提升成为佼佼者，再进入商业联盟。

进入商业联盟的好处是可以解决企业的销售问题。

商业联盟三年之内我们会发展到 1 万多会员，五年之内会发展到 2 万。假设你是卖大米的，你家的米质量非常好，那么每个会员每月买你一袋米，如果一袋 50 元，你每月在商业联盟就可以实现 100 万元的销售额，而且不用聘请一个业务员；如果你是做西装的，每年如果有一半的人在你那边订购一套西装，一套 2000 元，1 万套就等于 2000 万元的销售额。

任何一个产品都可以在这个平台实现以千万或是亿

来计算的销售额,这就是利他的价值观所产生的结果。我们还会为每个企业做诊断,并帮助其解决问题,让大家不再单打独斗,一起应对商海中的起起落落。

  我们的初心就是通过感恩世界行这个平台,透过文化的输出、产品的推动、紧跟习近平主席所倡导的一带一路倡议,让中国制造的优质产品透过感恩文化,传播到世界的每一个角落!让更多的人了解中国,让中国走向世界!

第 4 章 价值观是行动的指南针

企业诊断

企业诊断

企业诊断

在贡献方面，我们会定期带动"天使们"去敬老院去看望老人，去孤儿院看望孤儿，以及去赞助一些贫困学生，让他们得到更多的关怀与帮助。我们的目的就是培养大家有一颗付出不求回报的心，因为付出的越多，得到的就越多。

第 4 章　价值观是行动的指南针

助学

助学

敬老

关爱残疾儿童

关爱残疾儿童

世界第一潜能激发大师安东尼·罗宾说:"人有两大快乐,一个是成长,一个是贡献。"

很多人总是以为有钱就会快乐,但真正能够给一个人带来快乐的是自身的成长。因为当你对某件事或是某个技能有了全新的认知和掌握之后,代表你已经比之前的自己更加优秀,特别是那种你投入很多的金钱跟时间去做大量研究的事情,一直都无法得到解决,一旦你开始学习到一种新的技能或是方法可以解决它,那种快乐是任何东西都替代不了的。

而另一种带来快乐的方式就是贡献,当一个人无私地去帮助别人的时候,他自己的内心也得到了满满的喜悦和快乐,因为帮助别人会给他带来一种成就感、一种存在的价值和意义,这也是国内外很多顶级的富豪都热衷捐赠学校跟医院的原因,因为可以帮助到更多的人。帮的人越多,内心就更加的富足。

在传承方面,我们透过带动企业家,让他们从不知道,学习到让其知道,再从知道的基础上进行实践,最终做到；能够做到的人再去带动另一批人也能做到，这是一个传承的过程。这个过程尤如点燃蜡烛，当一根蜡烛亮起来之后，再去点亮更多的蜡烛，整个房间就会更加的明亮。即使任何一根蜡烛熄灭，也不会影响房间里面的亮度。当然你无法给予别人你所没有的，只有自己先亮起来，才能够去点亮其他的人。

正是执行正念、利他、贡献、传承这套价值观体系，在短短的两年时间里，我们已经成功帮助了一大批企业家走出困境，可想而知，价值观无论是对于企业，或是个人，都是非常的重要。

因此，在吸引顶尖人才加入企业时，最重要的环节就是价值观，也是最后决定你是否录用人才最关键的抉择。

结语：相信一切皆有可能

不管你的企业是否存在模式跟不上时代、销售额逐步下滑、净利润逐步降低、团队凝聚力变弱、人员流失率增加、产品缺乏创新力、对未来感到迷茫等问题。

不管你现在面对多么大的挑战和机遇，这都没有关系。因为你已经掌握了可以让你的企业起死回生的顶级方法。

曾经被学校开除过的我、踩过三轮车送货的我、创业破产过六次负债超过一千万元的我，都可以运用以上这些方法再度东山再起，让企业持续不断刷新行业的纪录。

只要你相信自己，运用我跟你分享的方法，我相信不久的将来，一个全新的你，也将会重振雄风！